つけて眠れば願いがかなう

幸せを呼ぶ モテモ手袋

Contents

すべての女性の願いをかなえてあげたい！
そんな思いから、

手相の大吉相「**覇王《はおう》線**」と「**スターマーク**」を刺繍した手袋をつくりました。

あなたが望む幸運とは何ですか？

どんなときに幸せを感じますか？

恋人が欲しい、結婚したい、希望の仕事に就きたい……。

何年もかなえたいと望んでいるのに、それらが手に入らないのはなぜだと思いますか？

それは、あなたが知らず知らずのうちに、自分自身にブレーキをかけているから。

「かなうわけがない」「実現するはずがない」と自分に暗示をかけているからです。


私は、手相家として、これまで多くの手に触れてきました。また、さまざまな占いやスピリチュアル、引き寄せ。さらに、小宮ベーカー純子（愛称：ＪＵＪＵ）さんが提唱している五次元思考なども学んできました。それらを学んで分かったことは、「未来は自分の思考と行動が作るもの」ということです。

迷いのない決断志向は、現実になります。それは、分かりやすくたとえるなら、明日のランチはパスタを食べると寝る前に決めて、翌日のお昼は前の晩に決めたパスタを食べに行く、それと同じことです。

私は、これまでいろいろな幸運やチャンスを手にしてきました。それは、小さなことから大きなことまで、常に未来を決めて行動していたからです。

未来を決めて行動することは、簡単なことです。けれども現代の女性は、仕事や家事、育児など、忙しい毎日に追われ、なかなか自分の時間を持つことが難しくなっています。そこで、みなさんに、思い通りの未来を描いてもらうにはどうしたら良いだろうと考え、この「モテモ手袋」を開発しました。

モテモテ手袋を毎晩眠る前につければあなたの手に手相の大吉相「覇王線」と「スターマーク」が刻まれます。

たとえ今は大吉相がなくても、日々この手袋をつけることで、気持ちが変わり、次第に思考や行動もプラスに傾いていきます。

思考と行動を変えるには、習慣づけが大切です。そして手相は、心がけ次第で変化していきます。

まずは、なりたい自分を想像しながら、毎晩モテモテ手袋をつける習慣をつけましょう。ワクワクと楽しみながら手袋をつけることで、チャンスを引き寄せ、人生を切り開いていくことができます。

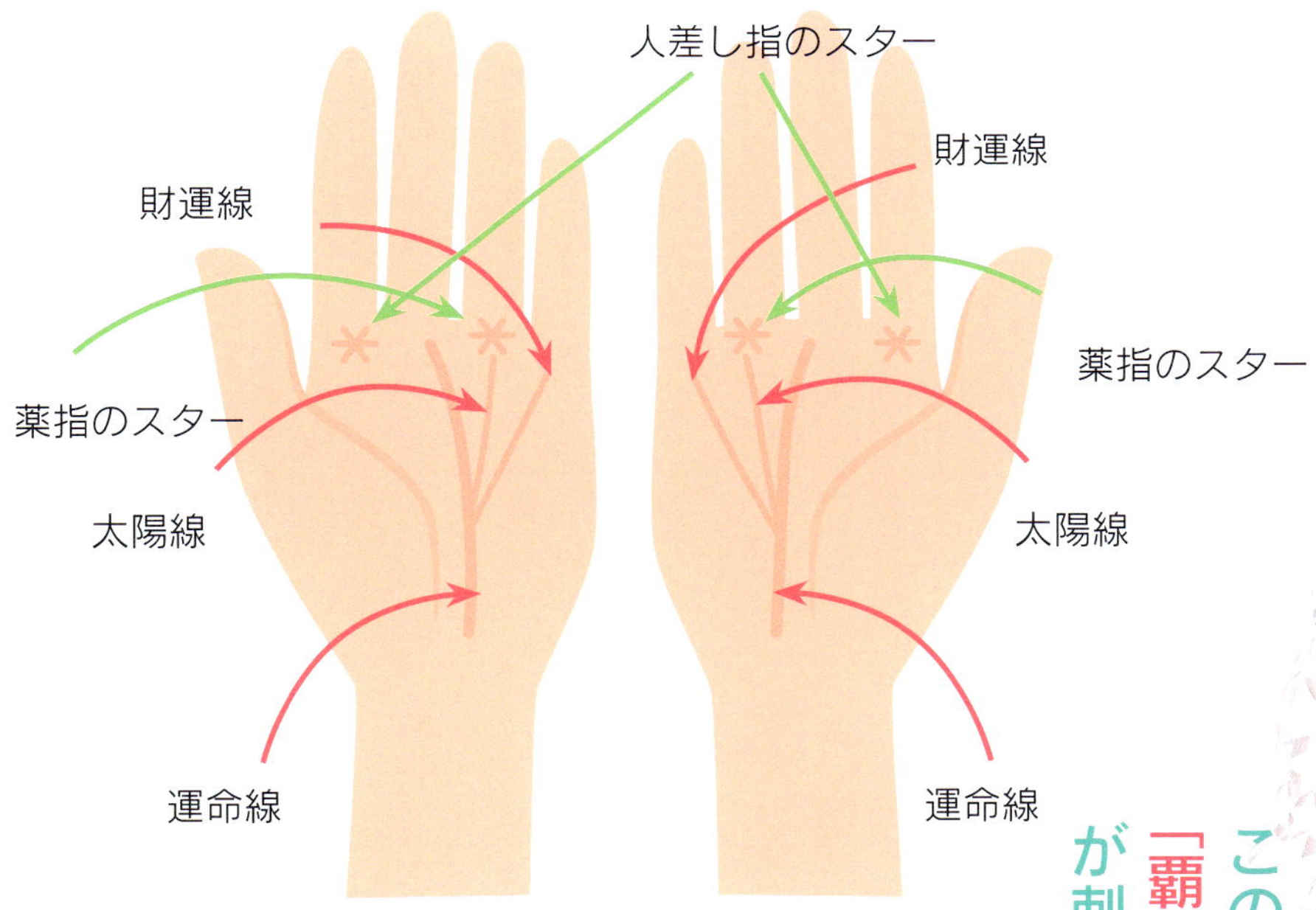

この手袋には、手相の大吉相「覇王線」と「スターマーク」が刺繍されています。

覇王線とは、中指に向かう運命線と薬指に向かう太陽線、小指に向かう財運線が途中から交わる線のことを言います。この線があると、強運をもたらし、大きな幸福に包まれ、大成功すると言われています。政財界やスポーツ界、芸能人など、社会の中心で活躍している人には、この覇王線を持つ人が多くいます。

また、3本の線が重なり合っている星紋「スターマーク」も、幸運の持ち主と言われていて、このマークが人差し指に出ていれば願いがかない、薬指の下に出ていれば思いがけない幸運に恵まれます。

1枚1枚、願いを込めて作りました

多くの悩める女性に幸運をつかんでほしいと願い、
由緒ある神社でご祈祷していただきました。

モテモ手袋ってどんなもの?

モテモ手袋は、女性らしい色合いのピンク色を用いました。
ピンク色は、風水では癒《いや》しを与え、美容にも効果的な色とされています。
また、女性らしさをアップさせ、気持ちを高揚させてくれる効果があります。
ピンク色は、身に着けているだけで女性の運気を総合的にアップさせ、
幸運をもたらしてくれる色です。

★薬指の下のスター：思いがけない幸運に恵まれる
恋愛、金運、全般　大吉相

★人差し指の下のスター：願いがかなう
仕事、恋愛全般、吉相

★覇王線　仕事に成功し（運命線）、人間関係に恵まれ（太陽線）、金運アップ（財運線）が一点に集まった線　最高の吉相　富と名声が得られます

左手の薬指には、ハートのリングを刺繍。富と幸運を引寄せるゴールドリング×濃いピンクのハートの組み合わせは、積極性と華やかさをアップさせます。シングルはもちろん、既婚の方も、いつまでも華やかさを忘れない、愛され女性になるでしょう。

手相の大吉相「覇王線」の刺繍には、成功の象徴と言われるゴールドを用いました。ゴールドは、新しいことにチャレンジしたいときなど、力強い味方となってくれる色です。エネルギッシュなパワーを持つゴールドをプラスすることで、積極性をはぐくみ、富と幸運を引き寄せます。

モテモ手袋のパワーを最大限生かすには??

私は、鑑定にお越しいただく方に「人生は変えることができる」とお伝えしています。けれども、なかには何度も同じ相談にみえ、堂々巡りをされている方もいらっしゃいます。

アメリカの哲学者、ウィリアム・ジェームズの言葉に「行動が変われば習慣が変わる。習慣が変われば人格が変わる。人格が変われば運命が変わる」というものがあります。

思考を変えるには、行動を変えることが大切です。さらに言うなら、思考と行動を変えるには、習慣づけることが大切です。モテモ手袋をつけて寝る＝習慣にすることで、潜在意識に大吉相が刻まれたと働きかけ、願望を成就させやすい体質に変えることができます。そして、毎日手袋をつけることで、願いをかなえるためのアンテナが張り巡らされ、自分が思い描く理想の状態に近づいていきます。

手相は変わる＝手袋をつければ夢に近づく

手相は、5千年程前のインドが発祥の地とされ、長い歴史の中で受け継がれた統計学です。古来中国の医学では、医師が手相を見ていたと言われ、手から体調の変化を判断していたと伝えられています。

手相は生まれたときから刻まれていて、その後「思考」「行動」「体の状態」「脳」から影響して作られます。しかし、からだの変化や精神的な変化、また、考え方や行動次第で、線は変化すると言われています。

自分の性格を変えるのは難しいものです。けれども、行動を変えることはさほど難しくはないでしょう。

現代は、即座に情報をキャッチでき、行動を起こしやすい時代です。柔軟な頭で考え方を変え、行動にうつすことで、思い描く運勢に近づくことができるでしょう。

モテモ手袋をつける前に、まずは手のお手入れを!

手袋をつける前に、まずはお気に入りのハンドクリームを塗り、指先は念入りにマッサージをしましょう。手のひらは宇宙とつながる場所で、指先は宇宙からのエネルギーをキャッチするアンテナです。良いエネルギーをキャッチするには、ささくれができているような指先ではいけません。手がガサガサの状態では、エネルギーを受けにくくなります。

ハンドクリームを塗ったら、今度はモテモ手袋をつけた状態でマッサージしましょう。これは、手相を変えるマッサージです。覇王線やマークを意識しながら、手相を変える!くらいの気持ちで行うことが大切です。

開運
手のひらマッサージ

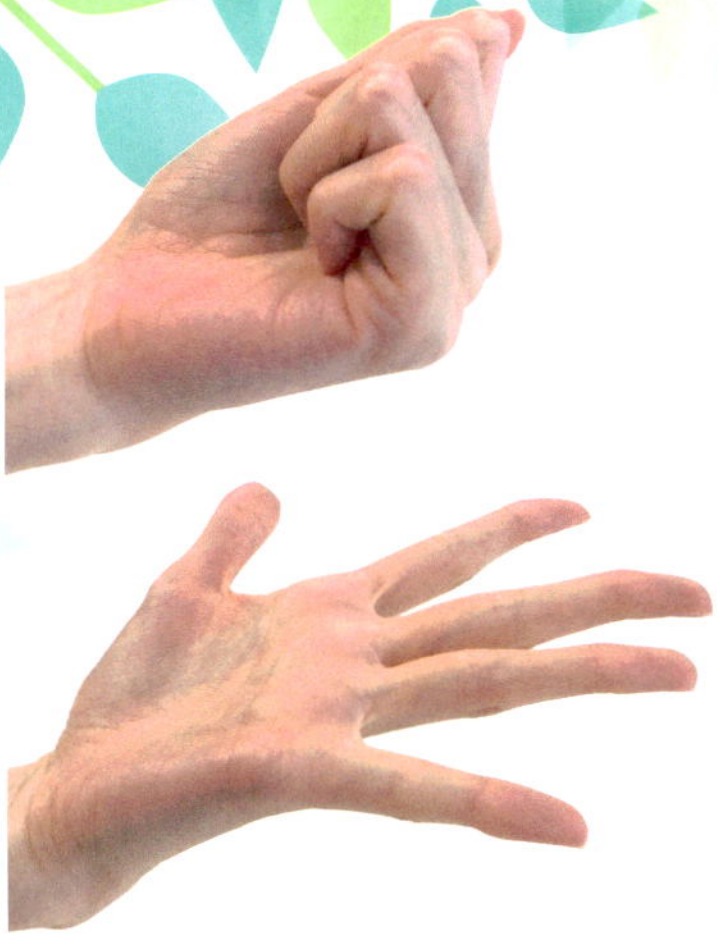

結婚を望んでいる方は、小指を手のひらの方に曲げ、小指側面にはっきりとした線（結婚線）が入るようにマッサージします。うまくできないときは、グーパーするだけでもOK。

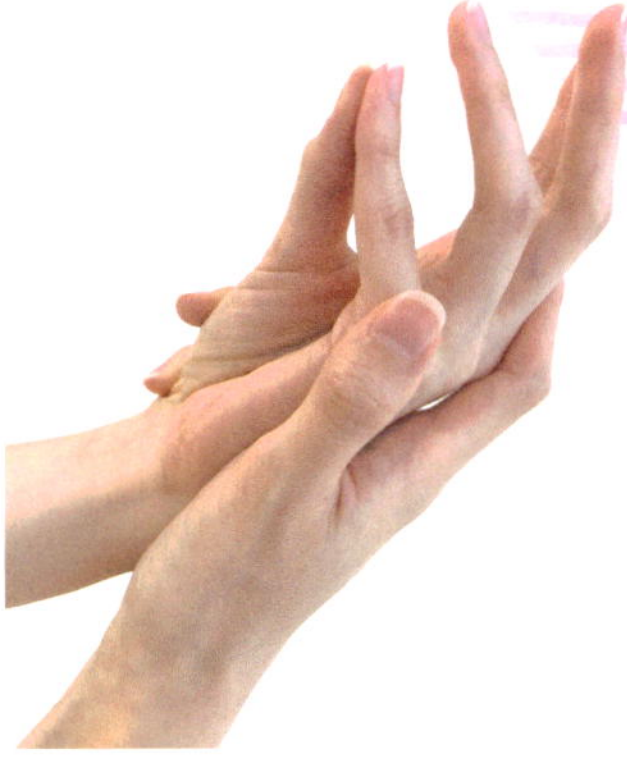

親指と小指をくっつけるようにし、生命線と運命線がはっきりすることを意識しながら、片方の手で手のひらの方にグッグッと押しましょう。左右どちらから始めてもＯＫです。

かなえたい夢は、期限付きにして具体的にイメージ

手相では、かたい手よりもやわらかい手の方が幸運とされています。実際に握手した場合も、やわらかい手の方が好感を持たれやすいので、マッサージするときは覇王線を意識することはもちろん、手のひらがやわらかくなるように行いましょう。そして、マッサージしながら、今日一日を無事に過ごせたことに感謝しましょう。その日、どんなに嫌なことがあったとしても、感謝する気持ちを持つことで、気持ちは落ち着いていきます。

食べられることに感謝、無事に一日を終えられたことに感謝、気持ちいい布団で眠れることに感謝……。何もない平凡な一日は、尊いものです。平凡であることの幸せを噛みしめ、感謝したら、ここから先は、願望を膨らませていきましょう。

理想の自分、欲しいものを手に入れた自分、愛する人と一緒にいる自分。モテモテ手袋をつけたら、毎晩、現実に起こることを想像して、翌日行えることを決めましょう。恋人や結婚相手がほしい方は、年齢、職業、容姿、出会う場所など、具体的にイメージすることが大切です。たとえば、パーティーのイメージが浮かんだら、翌日、近日中に参加できそうなパーティーを探してみましょう。「王子様が突然現れる」というような空想はNGです。非現実的なうえ、待つのではなく、あなたが見つけに行くくらいの気持ちを持たなければいけませんから。また、理想のパートナーの職業が浮かんだら、その職業にまつわるさまざまな事柄を調べてみるのもおすすめです。いつ出会ってもいいように、身だしなみも忘れずに整えましょう。

好きな人とハワイに行きたいと思ったら、旅のあれこれを調べるのはもちろん、ムダ毛処理など、細かい部分まで想像を広げると◎！脱毛サロンを検索して、予約までできれば完璧です。そのほか新しいキャリーケースを検索したり、体型が気になるならダイエットを始めるなど、できることは何でもやってみましょう。

結婚が最大の目的という方は、結婚式場は○○、新居は□□、インテリアは△△、と結婚式から新居のイメージまでを具体的に想像しましょう。恋人がいなくてもイメージすることが大切です。そして翌日には式場を検索して、理想のウエディングプランやドレスも見てください。時間があれば、インテリアショールームに足を運び、新婚生活のイメージを膨らませるのも効果があります。

仕事で成功したい、起業したい。たとえば自分でネイルサロンを経営したいと思っている方は、サロンの制服や内装、サービスの内容などを具体的に想像します。斬新なサービスをやってみたいけれど、知識や技術に自信がない、という方は、ネイル講座を検索したり、自分が理想としているサービスを取り入れているサロンに行ってみましょう。自分が今持っている知識や技術からさらにアップデートできるよう、常に意識し、努力することが大切です。

そして起業する日程も具体的にイメージして、その日から逆算して行動を起こすタイミングを準備しましょう。

このように行動を続けていくことで、世の中の物の見方が変わっていき、知らず知らずのうちに運が好転していきます。そして「想像」は「創造」に代わっていくでしょう。

アファメーション × モテモ手袋

の相乗効果で、さらに願いを引き寄せる！

みなさんは、「アファメーション」という言葉を聞いたことがありますか？「アファメーション」とは、言葉の力を使い、自分に対して肯定的な宣言をすることで、潜在意識を変えていくこと。このアファメーションとモテモ手袋を合わせることで、どんな夢も前向きにとらえることができるようになり、望みがグッと現実に近づきます。

手袋をつけるときは、意志を自分自身にはっきりさせるためにも「私」を主語にした言葉を唱えましょう。毎晩繰り返し口にしたり、ノートに書くことで、その言葉がすっとなじんでくるようになります。そうなったらもう、こっちのもの（笑）。言葉と手袋を味方につけて、なりたい自分へと階段を駆け上がりましょう。

子宝

大切な旦那さんと、私、
一男一女の子どもに囲まれ、
家族円満に過ごす

結婚

家族を第一に考え、
仕事も一生懸命してくれる
パートナーと
私は結婚する

仕事

私は○○の仕事で、
世界を飛び回る
ワーキングウーマンになる

恋

私は、
ありのままの私を
受け入れてくれる
彼と出会う

金運

私は、
お金の使い方を見直して
良い循環を作り、内面も外面も
ステキ女子に
生まれ変わる

モテモ手袋の効果を
高めるために……

心地よい寝室で幸運体質を手に入れよう

寝室は１日の疲れを癒《いや》し、
明日へのエネルギーをチャージする場所。
寝室を心地よい空間に整えることは、
運気アップにとても重要です。
寝具は清潔に、モノは極力置かないよう、
整理整頓を心がけましょう。

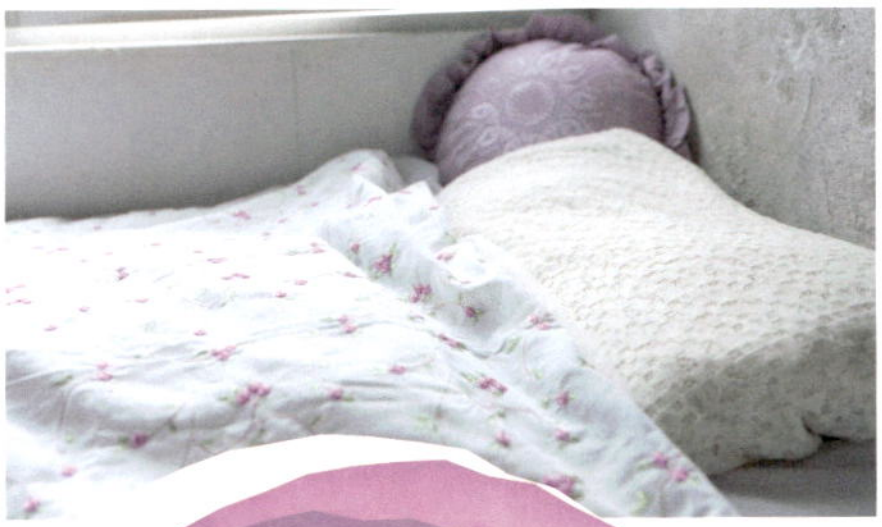

実は北枕が幸運に近づくカギ

風水では、睡眠中に頭から気が流れ込むと考えられています。北は気が流れてくる方角で、北枕にすると良い気の流れを吸収しやすくなります。また、北に頭を向けて寝ると、地球の磁気が取り込みやすくなり、安眠につながります。

ベッドの位置にも気をつけましょう

ベッドは、ドアから対角線上の位置に置きましょう。ドアは、人の出入りと同時に気も出入りするため、正面だと強い気の影響を受けてしまいます。移動が難しい場合は、パーティションを置くなどしてベッドの位置を工夫しましょう。

天然木のベッドで気の流れをスムーズに

天然木や自然素材のベッドがベストですが、丸みを帯びた曲線のデザインも、気の流れが良くなるのでおすすめです。スチールや黒色のパイプベッドを使っている方は、布をかけたり巻いたりしましょう .。お姫様のような天蓋ベッドも、気が安定するので◎（ただし、アンティークは使用していた人の気が残っている場合があるので、避けた方が無難です）。

ぬいぐるみは必要最低限に

ぬいぐるみや人形を寝室に飾ると、そちらにエネルギーが吸い取られ、悪い気がたまると言われています。１～２個はOKですが、たくさん置くと恋愛運が下がるので注意しましょう。

観葉植物は小さいサイズが◎！

観葉植物は、悪い気を中和してエネルギーの流れを良くしてくれます。ただし、取り入れる場所に見合ったサイズを選ぶことが、風水的には良いとされています。寝室にはあまり大きすぎない観葉植物を置き、普段の生活の妨げにならないようにしましょう。

寝姿が映る鏡は、枕元から離して

風水では、就寝中に寝姿が鏡に映ると、気を吸い取られると言われています。また、パートナーと寝ている姿が鏡に映ると、仲が悪くなるとも。どうしても寝室に置かなければならない場合は、鏡に布をかけましょう。鏡をいつもピカピカに磨いておくことも忘れずに。

就寝時は小さな明かりを灯しましょう

寝るときは、真っ暗にせず、テーブルランプや足元を照らすランプなど、暖色系のほのかな明かりをつけましょう。ＬＥＤのキャンドルランプなども癒《いや》し効果があります。パワー効果を高めるには、西側に置くのが吉。

縁起の良い豚を枕元に置いて、運を近づける！

豚は、世界各国で縁起がいいと言われている動物です。魔除けとして、また、たくさん子どもを産むことから「子孫繁栄」「どんどんお金が増える」など、あらゆる幸運が舞い込むと言われています。人間関係を好転させるパワーも持っているため、対人関係のトラブルを抱えている方は、豚の置き物を飾るのも一つの手です。

カーテンを開けて、朝の日差しを浴びましょう

朝は必ずカーテンを開けて日の光を入れましょう。新たな気を取り込むために、窓を開け、日差しとともに気持ちの良い空気を取り込むことも大切です。そして、すっきりと目覚められたことに感謝しましょう。

カーテンやファブリックは落ち着いた色合いを

カーテンやファブリックは奇抜な色や柄を避けると同時に、カーテンとベッドカバーに変化を付けて、陰陽のバランスを取りましょう。たとえばカーテンを柄にするなら、ベッドカバーは無地というように。また、遮光カーテンは風水ではあまり良くないとされていますが、光が入ることで安眠できないほうが運気を下げるので、その場合は迷わず遮光カーテンを使いましょう。そのほか、クッションを置くのも効果的です。積極的に振る舞いたいときは奇数、穏やかに振る舞いたいときは偶数の数を置きましょう。さらに丸形クッションは、恋愛運をアップさせてくれます。

携帯電話は布にくるんで、電磁波をカット

電子機器は気の流れを乱します。そのため、携帯電話を枕元に置くのはおすすめできません。ただし、目覚まし時計に代わりに使用している方も多いと思うので、その場合は携帯電話を布やハンカチにくるみ、直接電磁波の影響を受けないようにしましょう。

恋

恋・結婚・子宝・仕事・金運……
モテモ手袋をつければ未来が変わる！
人生が変わる！！

寝室を居心地よく整え、モテモ手袋をつけて、なりたい自分を想像しながら眠りにつきましょう。前向きな思考や行動によって、未来は劇的に変化します。

Before

After

ポジティブシンキングで
内面を磨いて自身がアップ！
最大のモテ期が到来♡

結婚

Before

After

妬みや焦る気持ちを封印。
恋に仕事に全力投球したら、
まさかの電撃結婚！！

子宝

Before

○年もセックスレス
孫はまだ？　にうんざり
毎日帰りが遅い夫
周りが次々と妊娠。
取り残された気分に

After

恋人時代のように過ごす&ストレスフリー生活で、
子どもに囲まれた幸せライフを謳歌

仕事

Before

上司のパワハラ・モラハラ

残業続きで
プライベートな時間がない

給料が安い・待遇が悪い

やりがいがない

After

思い切って転職。
念願だった海外ツアコンとして、
お客様を世界各地へご案内

金運

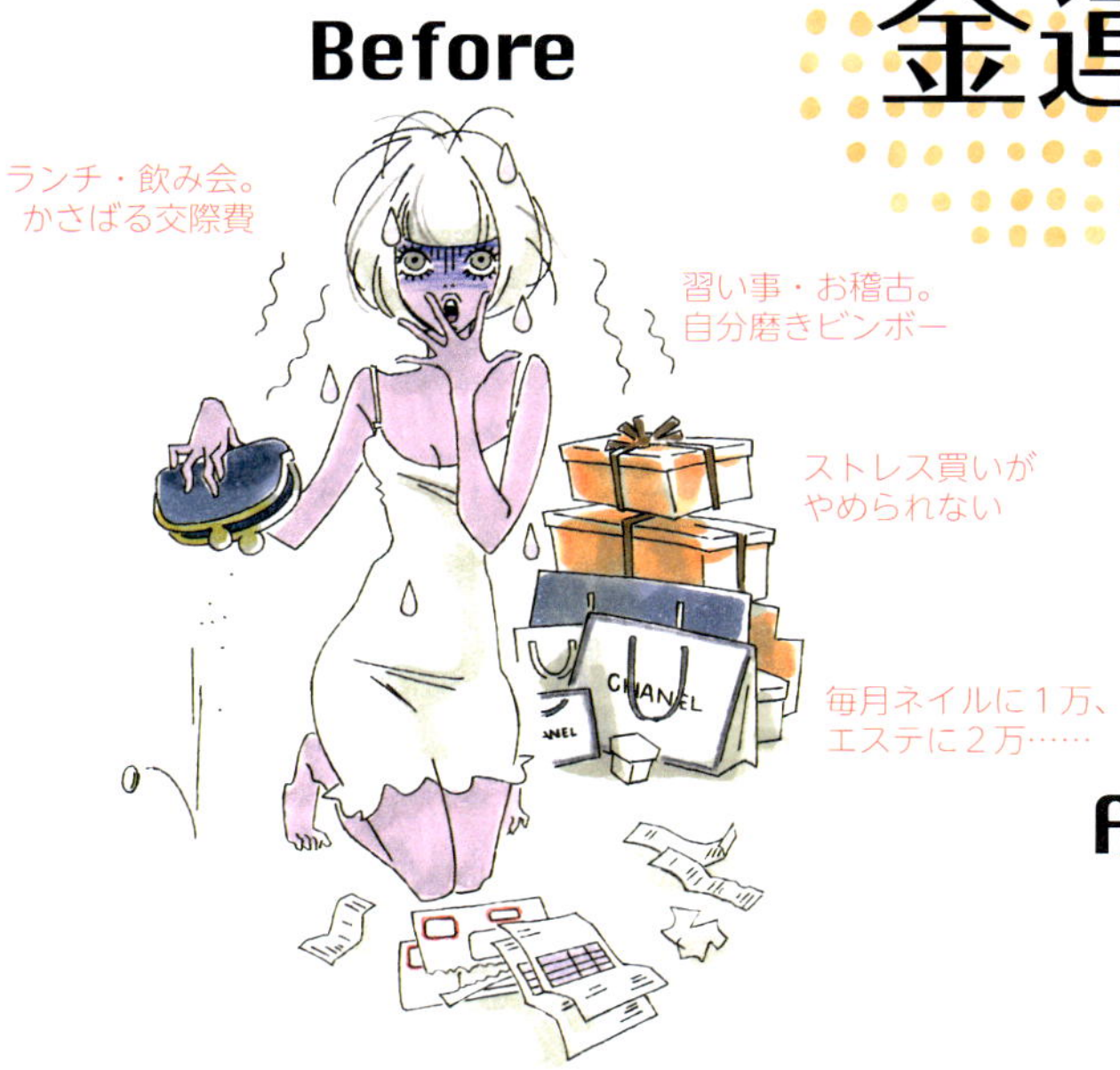

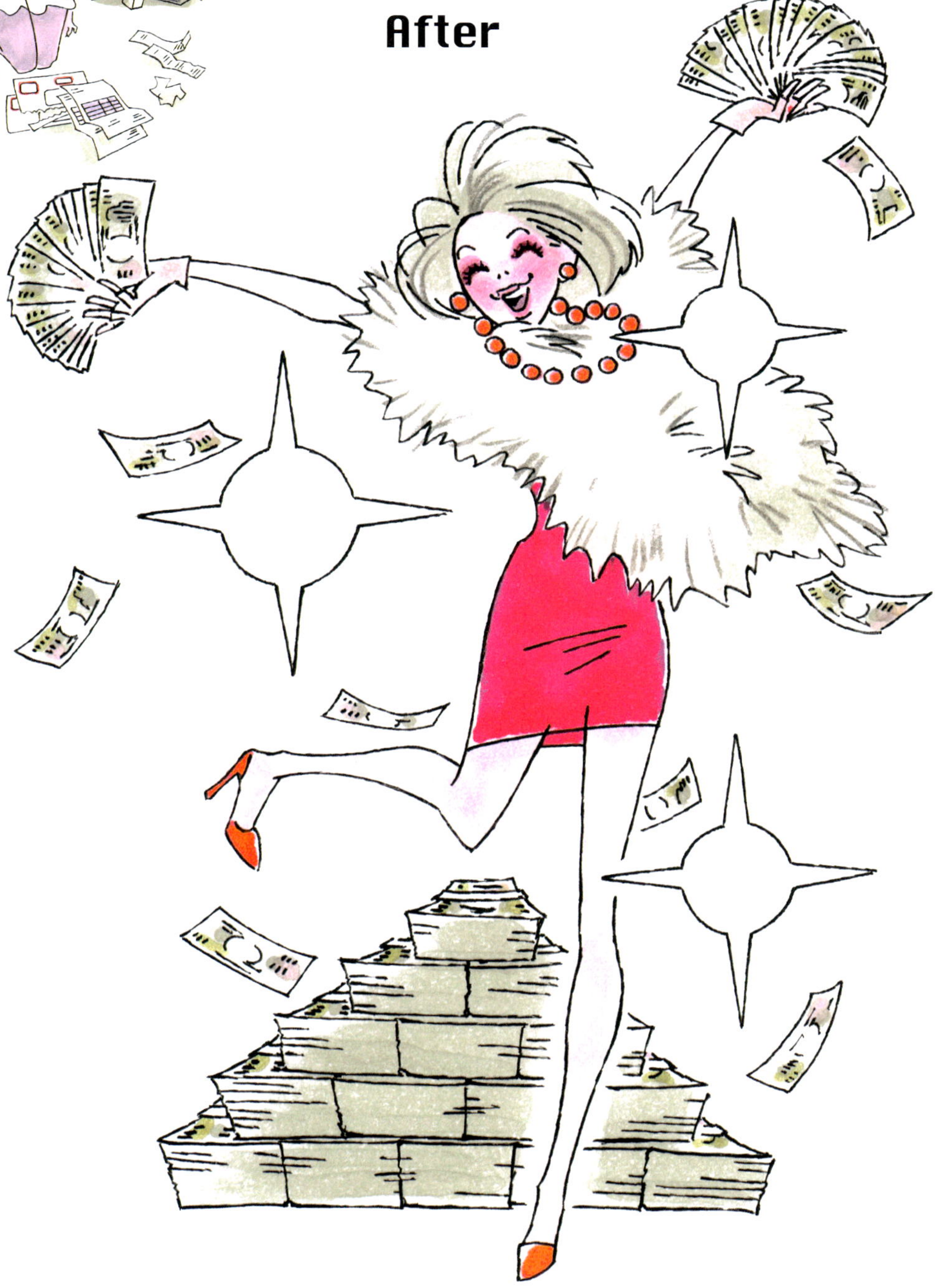

身辺を整理して、衝動買いにサヨナラ。
お金もプライベートも充実の幸せ女子に！

金の豚をプラスして、最強開運女子に!

みなさんの家には、豚の置き物や貯金箱がありますか？
豚は、風水では子孫繁栄や財運アップ、人間関係を好転させるパワーがあると言われています。
また、豚の置き物はピンク色と相性が良いとされ、ピンク色のアイテムと一緒に置くと、より運気が好転して、パワーアップが期待できます。
モテモ手袋に金の豚をプラスして、運をぐんぐん引き寄せましょう！

金運を上げたければ、西側に置くのがベスト
風水で、西は金運パワーを司る方位とされています。
また、運は豚のお尻から入ってくるとも言われています。枕元に置くときは、豚のお尻を西側に向け、豚と目が合うようにしましょう。

お守り代わりに持ち歩くのも効果的！

金の豚の置き物がない場合は、お財布や手帳に豚の写真を入れて、お守り代わりに持ち歩くのでもOK。肌身離さず持ち歩いて、常に夢や目標を意識しましょう。

ブックマーカーに！

お財布に忍ばせて

ポストカードにして壁に貼っても

スマホの待ち受けにも◎！

名刺入れにイン！

人生が好転！
自分の望む未来を
手に入れた、
モテモ手袋愛用者の声

真摯《しんし》に夢を願い、自分を信じ、手袋をつけた人だけが夢をつかめます。
モテモ手袋をつけて実際どのように人生がかわったのか、
その後を教えていただきました。

M.S さん（27 歳）
会社員

私には2年ほど付き合っている恋人がいました。そろそろ結婚かなと思っていたものの、なかなかプロポーズの言葉をもらえず、だんだん不安に感じるように……。そんなとき、このモテモ手袋に出合いました。結婚のイメージをすると、なんと当時付き合っていた彼とは違う男性が浮かんできたのです。そんな想像をする自分に少し罪悪感を覚えたものの、次第に想像を膨らませる事が楽しくなっていきました。すると、その想像していた男性から告白され、結婚することになったのです。モテモ手袋をはめながら、描いていた結婚式場で式を挙げることもでき、今は本当に幸せです。

I.K さん（29 歳）
料理家アシスタント

小さいころから料理が大好きな私は、いつか自分のカフェをオープンすることが夢でした。それで、寝る前に手袋をつけ、レシピを考えたり、お店の場所をあれこれ検索したり、来てくださるお客さまを想像したり……。自分がオーナーとしてカフェを経営している姿をイメージしていました。そんな毎日を送っていたら、次から次へとカフェの物件が紹介されるようになったんです。今は、別のカフェで修行しながら、オープンに向けて準備に大忙しの毎日です。

念願の大手メーカーに就職できたものの、人間関係に悩みを抱え、ストレスから衝動買いを繰り返すようになっていました。貯蓄はあっという間に底をつき、精神的にもアンバランスに。そんなとき、知人がこの手袋をプレゼントしてくれたんです。部屋の中を見渡せば、衝動買いで買ったブランドものの服やアクセサリーがずらり。手袋の効果を高めるために、まずは身の回りを整理することから始めました。すると、希望の部署に異動が決まり、やりがいがアップ！　ストレス買いもしなくなり、今は仕事もプライベートもお金もうるおう日々を送っています。

M.H さん　（26 歳）
会社員

結婚して5年。なかなか子どもができなくて悩んでいました。そんなとき、不妊で悩んでいたという友達がこの手袋を教えてくれたんです。彼女は、この手袋をつけて寝るようになってから、わずか3カ月で子どもを授かったのだとか。はじめは半信半疑でしたが、私もこの手袋をつけ、毎晩赤ちゃんを抱っこしている自分を想像しました。すると、先日、おなかの中に新たな命が宿っていることが判明したのです。今は、新しい家族との新生活に心躍らせる毎日です。

K.K さん　（32 歳）
主婦

私は、毎晩、寝る前に手袋をつけて、海外のリゾート地で楽しむ想像をしていました。そんなある日、友人がお世話になったお礼にと、私をバリに招待してくれると言うのです。サロンを経営している私は、バリの風土と人に深く感銘！　今後、バリと日本、そして世界中の人々の心と体を癒《いや》すことが天命と感じ、行動するようになりました。そして、今月ふたたびバリにマッサージを学びに行くことになりました。自分の人生の変化を驚いています。

堂園美香さん（45 歳）
サロンオーナー

願いを引き寄せる
夢ノート

手書きで文字を書くと、脳が刺激されます。
また、記憶は、手書きすることで鮮明になり、忘れられなくなります。
脳に潜在意識として夢を刻むためにも、夢ノートを活用しましょう。
ノートに書くときは「明確にイメージして期限を決める」
「１日１回はノートを見返す」ことを忘れずに。
そして、夢がかなったら、その夢に感謝しましょう。
そうすることで、新たな夢もかないやすくなります。

夢を引き寄せるには、あなた自身が信じて疑わないこと。モテモ手袋は、そんなあなたの夢に寄り添ってくれる相棒です

私は、幼い頃から空想が大好きで、一人でままごとをしては、いろいろなシチュエーションを想定し、空想を広げていました。小学生のころは芸能人に憧れたり、また、怖い番組などを見たときは、有能な霊能者になっている自分を想像し、霊能者になりきったりもしていました。そして高校生になると、自転車通学の20分間に空想を膨らませ、友人たちに数えきれないほどドラマ仕立てでストーリーを話していたものです。

あの頃の夢は、なぜ夢で終わってしまったのか。それは、空想だったからだと思います。「こうなったらいいな」「実現したらいいな」で終わってしまったからでしょう。

高校を卒業するころ、吉本新喜劇の舞台に立つことを夢見ました。新喜劇の面接の日にちも決まり、あとは面接に行くだけ、というところで両親の猛反対に合い、結局は諦めてしまったのですが……。あのとき、両親の反対を押し切って面接に行っていたら、今ごろ大御所の新喜劇芸人になっていたかもしれません（笑）。

願いをかなえるために必要なこと。それは、想像することです。そして、その想像を何度も繰り返し、習慣にする。習慣になったら現実になるように行動し、実現すると信じることです。

モテモ手袋をつけたら、自分がかなえたい夢を明確に描きましょう。

そして、その夢がどんなに突拍子もないことだとしても、あなたの中から自然に浮かんできたのなら、その気持ちを信じて疑わないことです。

「手相」「思考」「宇宙」「風水」。それらすべてを込めたモテモ手袋は、あなたの未来のシナリオを現実に導いてくれるでしょう。

いま、私がかなえたい夢。それは、数年後の還暦のとき、真っ赤なウエディングドレスを着て、お世話になった方々をリゾートホテルに招待することです。

ホテルのリサーチやドレスのデザインを調べるのはもちろんのこと、美しく歳を重ねるために、日頃からボディメンテナンスにも励んでいます。もちろん寝る前は、はっきりとイメージをして、モテモ手袋をつけて寝ていますよ（笑）。

つけて眠れば願いがかなう！

幸せを呼ぶモテモ手袋

著者　佐藤 香

2018年 10月17日　第1刷発行

Profile

手相家、フラワーデザイナー、株式会社マルサ代表取締役。幼少期から不思議な体験を重ね、幅広く占いやスピリチュアルに傾倒。手相、ルノルマンカードなど、多数の占いを学ぶ。自身の波乱万丈の人生をネタにした、明るい鑑定が人気。著書に「ゆっくりするのはあの世でケッコー思い起こせば笑いの宝庫！モッタイナイから書きました」（セルバ出版）「たった5秒！ 手のひらを見るだけで運命の男性が分かる」（みらいパブリッシング）がある。

https://koukou09.jimdo.com/

発行人／松崎義行　発行／みらいパブリッシング　東京都杉並区高円寺南 4-26-5YS ビル 3F　〒166-0003　TEL03-5913-8611　FAX03-5913-8011
http://miraipub.jp/　発売／星雲社　東京都文京区水道 1-3-30 〒112-0005　TEL03-3868-3275　FAX03-3868-6588　撮影／池田聡一朗　イラスト／ナオミ・レモン　モデル／松田実莉　撮影協力／フロンヴィルホームズ名古屋株式会社　編集／諸井和美　装幀／堀川さゆり　印刷・製本／株式会社上野印刷所
ISBN978-4-434-25239-6　C2011